Table des matières

Introduction

Amatrices, amateurs de lectures dans le texte intégral annoté pour faciliter la compréhension, vous avez trouvé le livre qu'il vous fallait.

Ces trois nouvelles centrées sur le thème du bonheur vous plairont à coup sûr. Pour vous aider à discuter en classe et à vous préparer à l'oral, vous trouverez pages 10 et 11 un vocabulaire thématique autour du thème du bonheur.

Avant de vous plonger dans le plaisir de lire, lisez pages 8 et 9 les recommandations qui vous faciliteront la lecture (Lire et comprendre un texte en français).

Dans les textes proposés dans ce recueil, vous allez trouver une forme du passé que vous ne connaissez sans doute pas encore (ou bien que vous avez peut-être déjà rencontrée dans d'autres lectures). Il s'agit du passé simple qui est bien particulier à la langue française. Ce temps s'utilise dans les textes littéraires à la place du passé composé que vous connaissez bien, car il est très utile pour la communication à l'oral. Pour vous aider à comprendre ces verbes, vous trouverez un tableau pages 75 et 76, ainsi que des explications pages 77 et 78 sur le gérondif, autre forme verbale souvent rencontrée dans les textes.

Bonne lecture ! Et à vous de réfléchir à ce qui fait le bonheur pour vous !

Lire et comprendre un texte en français

Die meisten neuen Wörter, die ihr vielleicht noch nicht kennt werden unten auf der jeweiligen Seite erklärt.

Diese Lektüren enthalten aber sicherlich Wörter, die nicht erklärt wurden, weil ihr deren Bedeutung selbst erschließen könnt.

Die gängisten „Techniken" kennt ihr bestimmt schon, sie werden hier anhand von Textbeispielen nur kurz wiederholt.

1. **Erschließung über Fremdwörter, die es im Deutschen gibt, oder über das Englische:**

frz.	dt.	engl.
enflammé	Flamme	
une illustration	Illustration	illustration
stupidement		stupid
gesticuler	gestikulieren	
dépendre de qc		to depend
hésiter		hesitate
un magicien	Magie	magic

2. Erschließung über Wörter der gleichen Wortfamilie *(la famille du mot)* und durch Kenntnis der Bedeutung gängiger Vor- und Nachsilben:

unbekanntes Wort	Ableitung	dt. Bedeutung
s'attarder	tard (retard)	sich verspäten
une promesse	promettre	Versprechen
revenir	re-venir	wiederkommen
habituellement	s'habituer	gewöhnlich
blanchir	blanc, blanche	weiß machen

3. Erschließung durch den Kontext *(le contexte)*, bzw. durch „intelligentes Raten":

… puis j'ai souligné en vert	une ligne *substantif* Zeile sous *préposition* unter sou-ligner = unterstreichen
une famille recomposée	composer = bilden *hier:* Patchworkfamilie

Vocabulaire thématique autour du bonheur

le bonheur ≠ le malheur	Glück ≠ Unglück
un bonheur intense ≠ un immense malheur	ein großes Glück ≠ ein großes Unglück
être heureux ≠ malheureux (de faire qc)	glücklich ≠ unglücklich sein (etw zu tun)
C'est facile ≠ difficile d'être heureux quand…	Es ist einfach ≠ schwierig glücklich zu sein, wenn…
faire le bonheur ≠ le malheur de qn	jdn glücklich ≠ unglücklich machen
rendre qn heureux	jdn glücklich machen
nager dans le bonheur	im Glück baden
la satisfaction ≠ l'insatisfaction *f*	Zufriedenheit ≠ Unzufriedenheit
être satisfait ≠ insatisfait de qc	zufrieden ≠ unzufrieden mit etw sein
se faire plaisir / faire plaisir à qn	sich vergnügen / jdm Freude bereiten
les petits plaisirs *m* dans la vie	die kleinen Freuden des Lebens
Le bonheur est quelquefois dans les choses simples.	Das Glück liegt manchmal in den einfachen Dingen.
être / partir à la recherche du bonheur	auf der Suche nach dem Glück sein / sich auf die Suche nach dem Glück begeben (machen)
être en quête du bonheur	auf der Suche nach dem Glück sein
connaître le secret du bonheur	das Geheimnis des Glücks kennen

trouver le bonheur en faisant qc	sein Glück finden, indem man (sein Glück finden beim)
éprouver un grand bonheur / une grande joie	ein großes Glück / eine große Freude erleben
avoir le cœur qui déborde de / d' – bonheur – amour *m* ≠ haine *f*	Das Herz schäumt (quillt) (geht) über vor – Glück – Liebe ≠ Hass
Un grand bonheur / une grande tristesse envahit qn.	Ein großer Glücksmoment / eine große Traurigkeit übermannt (überkommt) jdn.
Un sentiment de bonheur emplit la poitrine de qn.	Ein Glücksgefühl erfüllt jds Brust.
apprendre à apprécier qc	etw zu schätzen wissen
se sentir bien ≠ mal avec / en compagnie de qn	sich in Anwesenheit (Begleitung) von jdm wohl ≠ unwohl fühlen
manquer à qn	jdm fehlen
avoir un sentiment de sécurité	sich geborgen fühlen
Ça réchauffe en dedans.	Es wird warm ums Herz.
un beau moment où nous sommes tous ensemble ≠ un mauvais moment où on est séparés	ein schöner Augenblick, in dem wir alle zusammen sind ≠ eine schreckliche Zeit, in der wir getrennt sind
profiter des moments de bonheur	Glücksmomente genießen

connaître de rares moments de bonheur	seltene Glücksmomente erleben
parler du bonheur	über das Glück sprechen (vom Glück reden)
avoir un coup de cœur pour qc	Feuer und Flamme für etw sein
faire qc le cœur léger	leichten Herzens etw tun
Le bonheur pour moi, c'est…	Für mich bedeutet Glück…

Citations, proverbes et maximes à propos du bonheur

« Le bonheur qu'on a vient du bonheur qu'on donne. » Édouard Pailleron
« J'ai décidé d'être heureux parce que c'est bon pour la santé. » Voltaire
« On reconnaît le bonheur au bruit qu'il fait quand il s'en va. » Jacques Prévert
« Il faut rire avant que d'être heureux, de peur de mourir sans avoir ri. » La Bruyère

Pour parler du bonheur, on utilise parfois :
des comparaisons
Être comme un poisson dans l'eau = être très à l'aise.
Être gai comme un pinson (*Buchfink*) = être très gai.

ou des images
être aux anges *m* = être très heureux.

Mathis

Cinq, six bonheurs

Chapitre 1

J'étais au CM2, c'était la fin du premier trimestre et l'instituteur eut l'idée sournoise de nous donner un devoir de vacances : une rédaction dont le sujet était le bonheur. Cette désolante nouvelle fit soupirer la moitié de la classe et râler l'autre moitié.

– Maître ! Maître ! a dit Fabien. Le bonheur, c'est de ne pas avoir de devoir à faire pendant les vacances !

Ce qui fit rire toute la classe.

J'ai toujours préféré me débarrasser des corvées le plus vite possible. Aussi, le premier jour des vacances de Noël, j'ai pris mon stylo quatre couleurs et j'ai écrit en rouge sur mon cahier de brouillon : *Le bonheur*. J'ai un peu réfléchi tout en me tripotant l'oreille gauche, puis j'ai souligné en vert : *Le bonheur*. L'inspiration ne venant pas, je me

1 **le CM2** la dernière classe de l'école élémentaire (avant le collège) – 2 **un instituteur** Grundschullehrer – 2 **sournois** hinterhältig – 3 **une rédaction** un devoir pour lequel on doit écrire un texte, de fiction ou non, sur un sujet donné – 4 **désolant** triste – 5 **soupirer** seufzen – 5 **râler** *fam* se plaindre – 7 **un maître** *ici :* un instituteur – 11 **se débarrasser d'une corvée** faire le plus vite possible qc qu'on n'aime pas ou qu'on n'a pas envie de faire – 13 **un stylo** un instrument avec lequel on écrit – 14 **un cahier de brouillon** un cahier où on peut faire des exercices pour s'entraîner – 16 **tripoter** herumspielen

suis mis à mâchouiller furieusement le bout de mon stylo tout en comptant les fleurs de la tapisserie de ma chambre.

J'ai compté jusqu'à quatre-vingt-dix-huit. Soudain, plein de bonnes intentions littéraires, j'ai barré *Le bonheur* et à côté j'ai écrit : *LE BONHEUR* en lettres majuscules et en noir, cette fois. Voilà, c'était mieux.

Mais je n'avais pas l'ombre d'une idée. Pour lutter contre l'angoisse de la page à gros carreaux, j'ai gribouillé un cow-boy qui tirait avec son pistolet, et le démon du dessin s'est emparé de mon stylo : j'ai dessiné un Indien qui renvoyait les balles du cow-boy avec une raquette de ping-pong… un monstre aux yeux carrés attaqué par des mouches géantes… un robot qui crachait des boulons enflammés… et j'ai déchiré la page de mon cahier.

Cette rédaction commençait à m'énerver.

1 **mâchouiller qc** auf etw herumkauen – 1 **furieusement** très fort, avec colère – 1 **le bout** Ende – 3 **la tapisserie** du papier qu'on colle aux murs d'une pièce pour la décorer – 5 **soudain** tout à coup – 5 **une intention** *ici :* un projet – 9 **lutter** se battre – 10 **l'angoisse** *f ici :* le stress – 10 **une page à gros carreaux** *mpl* ein kariertes Blatt – 11 **gribouiller** dessiner très rapidement et mal – 11 **tirer** *ici :* utiliser (benutzen) un pistolet – 12 **s'emparer de qc** *ici :* prendre le contrôle sur qc – 13 **un Indien** un Indien d'Amérique – 13 **une balle** *ici :* ce qu'on tire avec une arme à feu (Schusswaffe) – 14 **une raquette** Schläger – 15 **une mouche** Fliege – 16 **cracher** ausspucken – 16 **un boulon** Schraubenbolzen – 16 **enflammé** en feu, qui brûle – 17 **déchirer** zerreißen

Chapitre 2

Pour me calmer, je suis descendu à la cuisine boire une menthe à l'eau. Ma mère, les doigts pleins de beurre et de farine, préparait une tarte. Des mèches de cheveux lui tombaient devant les yeux et, de temps à autre, elle soufflait dessus pour y voir un peu plus clair.

– Tu veux me demander quelque chose, canard ? demanda-t-elle sans me regarder, tandis que le beurre se mélangeait à la farine et prenait une consistance pâteuse.

– Ouais, c'est pour une rédaction. Le sujet, c'est le bonheur et je sais pas quoi écrire…

J'ai souligné ma phrase en haussant les épaules.

Puis j'ai bu une gorgée de ma menthe à l'eau.

– Tu as regardé dans le dictionnaire ?

– Pff… non. J'préfère te demander. Tu sais ce que c'est, toi ?

– Bien sûr, canard. Ta maman est une spécialiste du bonheur !

J'étais sauvé.

– Le bonheur, reprit ma mère, serait que tu m'épluches ces pommes et que tu les coupes en tranches assez minces…

J'aurais dû m'en douter.

Ma mère avait la manie de profiter de toutes les situations.

1 **se calmer** ≠ s'énerver – 2 **une menthe à l'eau** *Getränk aus Wasser und Minzsirup* – 2 **un doigt** [dwa] une main en a cinq – 7 **(mon) canard** *Kosename* – 8 **tandis que** pendant que – 9 **se mélanger** sich vermischen – 10 **pâteux** teigig – 13 **hausser les épaules** *f* lever les épaules (Schulter) pour montrer qu'on ne sait pas qc – 14 **une gorgée** → la gorge – 20 **sauvé** qui n'est plus en danger, qui n'a plus de problèmes – 21 **reprendre** *ici :* recommencer à parler – 22 **éplucher** enlever la peau d'un fruit ou d'un légume – 23 **une tranche** Scheibe – 23 **mince** ≠ gros – 24 **se douter de qc** deviner qc, penser à qc

– M'man ! C'est pas ça le bonheur ! Couper des pommes, c'est nul !

– Mais pas du tout, canard ! Couper des pommes ce n'est pas un exploit, mais couper des pommes POUR SA MAMAN, quel bonheur !

Et elle me fit son sourire numéro quatre. Le sourire qui disait : trop tard, tu t'es fait avoir ! Ha ! Ha ! Ha ! Ha !

Ma mère a terminé sa boule de pâte, puis elle a dégainé son rouleau à pâtisserie. J'ai coupé les pommes et elle a soigneusement rangé les petites tranches. En six, sept minutes, la tarte était prête à cuire.

Alors, canard, tu n'es pas heureux d'avoir aidé ta petite maman ?

– Tu n'es pas fier de toi ? Tu n'es pas fier de notre belle tarte ?

– Bof, je sais pas... Mais si c'est ça le bonheur, c'est vraiment pas la peine d'en faire une rédaction !

– Canard ! Tu as une langue de vipère !

4 **un exploit** *ici :* besondere Leistung – 9 **terminer** *ici :* finir de former une boule avec la pâte – 10 **dégainer** *ici :* sortir – 10 **un rouleau à pâtisserie** Nudelholz – 11 **soigneusement** en faisant très attention – 13 **cuire** *ici :* backen – 16 **être fier de soi** *ici :* être très content de ce qu'on vient de faire – 19 **c'est pas la peine de** *fam* c'est pas nécessaire de – 20 **avoir une langue de vipère** *f* dire des choses très méchantes

Chapitre 3

Le dictionnaire de mes parents datait de 1960. Il était moche, il pesait trois tonnes, et ses deux mille pages étaient recouvertes d'une écriture de fourmis. Par contre, il y avait des photos et des dessins dans les marges de presque toutes les pages. Chaque fois, mon regard s'attardait sur les illustrations. Je mettais un temps fou à trouver le mot que je cherchais et parfois, je l'oubliais.

Au bout de cinq longues minutes, je trouvais enfin mon bonheur à la page 89. *Bonheur : n. m. État de parfaite satisfaction Intérieure.*

Je suis resté immobile un petit moment, à cligner des yeux stupidement, tout en relisant plusieurs fois ce que je venais de lire. Je ne comprenais rien à cette définition. Je connaissais les mots *satisfaction* et *intérieure*. Mais les deux ensemble, c'était du chinois pour moi.

Et puis, s'il y avait des satisfactions intérieures, cela voulait dire qu'il y avait aussi des satisfactions extérieures.

Pourquoi le dictionnaire ne le mentionnait-il pas ?

J'étais dégoûté.

Toutes les réponses ne sont pas dans les livres.

1 **dater de** qui a été fait en – 2 **moche** ≠ beau – 2 **peser** *ici :* wiegen – 3 **être recouvert d'une écriture de fourmis** être écrit en lettres très petites – 5 **une marge** Rand – 6 **s'attarder** rester, s'arrêter – 8 **parfois** de temps en temps – 10 **un état** la façon d'être de qn ou de qc – 12 **immobile** sans bouger – 12 **cligner des yeux** fermer puis ouvrir les yeux très vite – 13 **stupidement** de façon idiote – 16 **être du chinois** qu'on ne peut pas comprendre – 20 **extérieur** ≠ intérieur – 21 **mentionner qc** parler de qc – 23 **être dégoûté** *ici :* être fatigué, ne plus avoir envie

Chapitre 4

Je suis allé voir mon père à la cave, où il s'était aménagé un atelier de bricolage. Il s'y réfugiait dès qu'il rentrait de son travail. Il bricolait jusqu'au moment où je hurlais « Papa, à table ! » pour couvrir le son de la radio qu'il écoutait à fond.

Les mains dans les poches, je suis entré dans son monde de décibels. Il chantait « coucouroucoucou… », la radio hurlait et le vrombissement énervant de sa ponceuse ressemblait à un cri d'insecte irascible. Bien entendu, il ne m'avait ni vu ni entendu. Pour signaler ma présence, j'ai joué avec l'interrupteur du néon.

Mon père et sa ponceuse se sont tus instantanément. Puis il a baissé le son de la radio.

– Bonjour, jeune homme, que puis-je pour vous ?

– Bonjour, monsieur. Je m'appelle Théo Citron et je suis venu chercher les sept millions que vous me devez !

– Ah ! Très bien. Je vais vous faire un chèque en bois. Vous préférez du bois d'arbres ou du bois de saucisses ? J'ai du contreplaqué de trois, huit et douze millimètres.

J'ai fait semblant de réfléchir.

2 **aménager** construire, installer – 2 **le bricolage** Heimwerken – 2 **se réfugier** *ici :* aller dans un endroit (Ort) pour y être tranquille – 2 **dès que** *ici :* quand – 3 **bricoler** → le bricolage – 4 °**hurler** crier – 5 **à fond** le plus fort possible – 8 **un vrombissement** un bruit – 9 **une ponceuse** Schleifmaschine – 9 **ressembler** avoir l'air de – 9 **irascible** qui est très vite en colère – 11 **signaler sa présence** montrer à qn qu'on est là – 11 **un interrupteur** Schalter – 13 **se taire** arrêter de parler, de faire du bruit – 14 **instantanément** tout de suite – 14 **baisser le son** *ici :* faire devenir moins fort – 19 **faire un chèque en bois** faire un chèque quand on n'a pas d'argent sur son compte en banque – 21 **une saucisse** Würstchen – 21 **le contreplaqué** Sperrholz – 23 **faire semblant de** faire comme si

– Je prendrais bien du contreplaqué de huit… en bois de saucisses… mais, si vous voulez, je peux effacer votre dette en échange d'une réponse.

– Ha ! Ha ! Ceci m'intéresse car, voyez-vous, je serais heureux de garder mes millions pour acheter du pain moisi à mes enfants. Quelle est votre question ?

– C'est une question très difficile.

– Ça tombe bien, je connais un nombre incroyable de réponses faciles.

– D'accord ! Voici ma question : Le bonheur, c'est quoi ?

– Ah ! Je puis vous donner un exemple de bonheur. Mais je doute que votre cervelle de moineau puisse comprendre le quart de la moitié de ce que je vais vous raconter !

– Dites toujours… Là, mon père a fait une pause de quelques secondes. J'ai compté les boutons de sa chemise : huit, dont un qui était d'une couleur différente.

– Je suis à la pêche, je suis assis et j'essaie de ne penser à rien.

Soudain, le flotteur de ma canne à pêche se met à gesticuler.

Dans le jargon des pêcheurs, on appelle ça : avoir une touche.

Je ne vois pas le poisson, mais je sais qu'il grignote le ver de terre accroché à mon hameçon. Ce flotteur qui bouge, c'est la promesse d'un poisson que je

3 **effacer** *ici :* tilgen – 3 **une dette** une somme d'argent qu'on doit payer à qn – 6 **moisi** qui est couvert de moisissures *fpl* (Schimmel) – 9 **incroyable** extraordinaire, fantastique – 14 **la cervelle** se trouve à l'intérieur de la tête – 15 **un moineau** Spatz – 23 **un flotteur** Schwimmer – 23 **une canne à pêche** Angelrute – 25 **un pêcheur** → la pêche – 26 **une touche** *ici :* moment où le poisson se prend à l'hameçon *m* (Angelhaken) – 27 **grignoter** manger qc en ne prenant qu'une petite portion après l'autre – 28 **un ver de terre** Regenwurm – 28 **accroché** attaché – 29 **une promesse** → promettre

vais peut-être attraper. Cette promesse, c'est le bonheur… Et voilà !

Ma cervelle de moineau avait tout enregistré, mais cette histoire de flotteur qui faisait des promesses, je trouvais ça louche. J'ai quitté mon père en lui serrant la main, persuadé qu'il m'avait raconté n'importe quoi.

– Merci monsieur. Votre dette est effacée, vous pouvez garder vos millions !

– Jeune homme, c'est un plaisir de faire affaire avec vous. Ah, si seulement mon fils aîné pouvait vous ressembler !

– Et pourquoi ça ?

– Mon fils est un vaurien, son cas est désespéré.

– Je suis désolé pour vous.

– Oui, c'est triste. Je vais être obligé de m'en débarrasser. Un de ces jours, je l'emmènerai à la pêche, je le découperai en morceaux et je le donnerai à manger aux poissons-chats qui adorent la chair humaine.

– Au revoir, monsieur !

– Au revoir, jeune homme !

Je n'avais pas fait trois mètres qu'il se remettait à chanter, accompagné par sa ponceuse, tandis qu'à la radio une voix grave énumérait les malheurs du monde.

De retour dans ma chambre, j'ai ouvert mon cahier de brouillon. Je ne savais toujours pas quoi écrire, alors j'ai dessiné ma mère avec une tarte aux

5 **trouver qc louche** ne pas avoir confiance en qc – 6 **serrer la main à qn** prendre la main de qn dans la sienne pour le saluer – 6 **être persuadé** être sûr – 11 **le fils aîné** le fils le plus vieux – 14 **un vaurien** un mauvais garçon – 14 **un cas** Fall – 14 **désespéré** qui est sans espoir – 17 **se débarrasser de qn** *ici :* tuer qn et le faire disparaître – 17 **emmener** prendre avec soi – 18 **découper en morceaux** *mpl* couper en plusieurs parties – 20 **la chair humaine** *ici :* la viande – 23 **se remettre à** *ici :* recommencer à – 25 **énumérer** compter – 25 **un malheur** → malheureux – 27 **de retour** revenu

pommes en auréole, et mon père avec un flotteur en guise de boucle d'oreille.

1 **une auréole** *ici :* Glorienschein – 2 **en guise de** comme, qui a la fonction de – 2 **une boucle d'oreille** un bijou (Schmuckstück) qu'on porte à l'oreille

Chapitre 5

En comptant les lambris de ma chambre, je me suis souvenu d'un film où un idiot, grâce à sa crétinerie, s'était finalement révélé le plus sage de tous les sages du village. Je me suis dit que c'était peut-être pareil avec mon frère. Sans le savoir, ce bout de viande de six ans pouvait connaître le secret du bonheur. Il suffisait de lui demander.

Il jouait au salon avec son train électrique en faisant : Tchou ! Tchou !

– Pourquoi tu fais « Tchou ! Tchou ! » ?

– Je fais c'que j'veux.

– C'est les trains à vapeur qui font « Tchou ! Tchou ! ». Les trains électriques, ça fait pas d'bruit.

– M'en fous. Arrête de m'embêter !

– Je voudrais te poser une question.

– Ah bon ?

– Oui. Pour toi, c'est quoi le bonheur ?

– C'est ça la question ? Hi ! Hi ! Hi !

– Ouais ! Pourquoi tu rigoles ?

– J'sais pas. C'est une drôle de question bizarre !

– Dis-moi ! Le bonheur, c'est quoi ?

– J'sais pas moi… c'est… c'est faire c'que j'veux !

Sur mon brouillon, j'ai dessiné mon frère avec son train électrique qui roulait sur sa tête, tel un énorme mille-pattes.

1 **les lambris** *mpl* plaques (Platte) de bois qui recouvrent les murs d'une pièce – 2 **la crétinerie** *ici :* le fait d'être idiot – 3 **se révéler** se montrer – 3 **sage** ≠ idiot – 5 **pareil** identique, la même chose – 8 **un salon** Wohnzimmer – 12 **un train à vapeur** train tiré par une locomotive qui roule au bois ou au charbon (Kohle) – 14 **embêter qn** *ici :* faire perdre son temps à qn – 25 **énorme** très grand, très gros – 25 **une patte** *pour un animal* un pied

Chapitre 6

Cette histoire de bonheur ne me lâchait pas. Je ne pensais plus qu'à ça. En l'espace de quelques heures, j'étais devenu un obsédé du bonheur.

Je suis allé voir ma grand-mère maternelle qui habitait dans la même rue que mes parents et moi. Depuis la mort de mon grand-père, elle vivait seule dans sa maison pleine de souvenirs, comme elle disait.

Elle était terriblement vieille par rapport à moi, elle disait souvent en avoir vu de toutes les couleurs et j'imaginais qu'elle connaissait tout de ce qui me préoccupait.

– Ah, c'est toi ! Entre ! a dit ma grand-mère, en m'accueillant avec son sourire chaleureux et son regard pétillant qui me donnaient l'impression d'être un ange descendu du ciel ou un truc du genre bonne nouvelle.

– T'es venu tout seul ? Et ton frère, comment il va ?

– Il va bien, mémère. Il joue avec son train électrique.

– Ah… les trains miniatures. Depuis qu'ils existent, ils font le bonheur des petits garçons !

– Oh ! C'est drôle que tu dises ça, mémère !

– Quoi donc ?

– T'as parlé du bonheur ! C'est pour ça que je suis venu te voir. J'ai une rédaction à faire sur ce sujet

1 **ne pas lâcher qn** ne pas laisser qn tranquille – 2 **en l'espace de** en – 3 **un obsédé** qn qui ne pense qu'à une seule chose – 9 **terriblement** *ici :* très, vraiment – 9 **par rapport à** im Vergleich zu – 12 **préoccuper qn** jdn beschäftigen – 14 **accueillir qn** souhaiter la bienvenue à qn – 14 **chaleureux** chaud, sympathique – 15 **pétillant** funkelnd – 15 **donner l'impression de** den Eindruck geben – 16 **un ange** Engel – 16 **le ciel** *ici :* le paradis – 16 **du genre** qui ressemble à, qui est dans la catégorie – 20 **mémère** *fam* grand-mère

alors je mène ma petite enquête ! Tu sais c'que c'est, toi, le bonheur ?

Ma grand-mère s'est assise en soupirant. Sa mine, de réjouie, est devenue plus sombre. Elle, habituellement si bavarde, ne disait rien. J'entendais clairement le tic-tac de l'horloge murale, et, en me calant sur le rythme des aiguilles, j'ai commencé à compter les petits carrés du motif de sa blouse. Lorsque je suis arrivé à quarante-neuf, ma grand-mère a dit d'une voix chevrotante que je ne lui connaissais pas :

– Le bonheur... ?

Ses yeux brillaient et j'ai compris qu'elle voyait quelque chose que je ne pouvais pas voir. Son regard traversait les murs et le temps. Elle regardait en arrière, au-dedans d'elle-même et ce qu'elle voyait la faisait maintenant pleurer.

J'étais terriblement gêné. D'être seul avec ma grand-mère qui pleurait dans sa cuisine, c'était pire que d'être en slip dans la cour de récré.

Je suis rentré en larmes et j'ai tout raconté à ma mère.

– C'est rien, canard... Ce n'est pas ta faute. Les personnes âgées, c'est un peu comme les enfants ; ça pleure souvent.

Ma grand-mère n'avait pas répondu à ma question avec des mots.

Elle l'avait fait avec des larmes, alors je les ai dessinées sur mon cahier. Des larmes aussi grosses que des petits pois.

1 **une enquête** *ici :* un travail qui permet de trouver des informations sur un sujet – 4 **réjoui** content, heureux – 4 **sombre** *ici :* triste – 5 **habituellement** → s'habituer à – 5 **bavard** qui parle beaucoup – 6 **une horloge** un instrument qui donne l'heure – 7 **se caler** *ici :* se servir de référence pour un rythme – 7 **une aiguille** (Uhr)Zeiger – 9 **lorsque** quand – 10 **chevrotant** zitternd – 12 **briller** funkeln – 15 **en arrière** *ici :* dans ses souvenirs – 15 **au-dedans de** à l'intérieur de – 18 **gêné** *ici :* qui se sent mal à cause de ce qu'il voit ou entend et ne sait pas quoi faire – 19 **pire** ≠ mieux – 21 **en larmes** qui pleure – 24 **une personne âgée** une vieille personne – 30 **un petit pois** Erbse

Chapitre 7

Théophile Philippot

Le bonheur

Premièrement : Est-ce que le bonheur existe ?

Oui. Parce que si le bonheur n'existait pas, je vois pas pourquoi le mot bonheur aurait été inventé. Donc le bonheur existe.

Deuxièmement : Le bonheur, c'est quoi ?

Dans le dictionnaire de mes parents, le bonheur, c'est un état de parfaite satisfaction intérieure.

Ce qui ne veut rien dire pour moi.

J'ai fait une enquête sur le bonheur et personne ne dit la même chose.

Conclusion : le bonheur, ça dépend des gens.

D'après mon enquête, c'est évident que le bonheur, ça ne se voit pas. On ne peut pas le prendre en photo. Le bonheur, c'est juste dans la tête.

Dans la tête de quelqu'un qui fait des tartes aux pommes, ça peut être que quelqu'un coupe des pommes avec lui.

Dans la tête d'un pêcheur, ça peut être quand le flotteur de sa canne à pêche le prévient qu'il va peut-être attraper un poisson.

Dans la tête d'un enfant de six ans, ça peut être un train électrique qui fait un bruit de train à vapeur.

Dans la tête d'une grand-mère, ça peut être des bons souvenirs qui font pleurer.

Dans ma tête à moi, le bonheur c'est d'avoir fini ma rédaction.

13 **une conclusion** *ici :* ce qu'on pense de qc ou de qn après avoir réfléchi – 13 **dépendre de qc** von etw abhängen – 21 **prévenir qn** informer qn

Chapitre 8

L'encre de mon stylo plume était à peine sèche sur le papier lorsque j'ai fait lire mon texte à ma mère. Je voulais qu'elle me dise que c'était bien, qu'elle soit fière de moi et qu'elle se rende compte de la chance qu'elle avait d'avoir un fils aussi génial.

– C'est toi qui as écrit ça, canard ?

– Ben oui !

– Aujourd'hui ?

– Ben oui, je vais pas passer trois jours sur une rédaction !

– C'est... c'est magnifique, mais...

– Mais quoi ?

– Pour la fin, tu ne t'es pas trop cassé la tête. Je trouve que tu parles mieux du bonheur des autres que du tien.

– Non... non, moi je trouve que c'est bien comme ça.

J'ai rangé mon cahier, mon stylo plume, et je me suis planté devant la télé.

Mes vacances démarraient enfin.

1 **l'encre** *f* Tinte – 1 **une plume** Feder – 19 **se planter devant qc** se mettre devant qc – 20 **démarrer** *ici :* commencer

Chapitre 9

Trois jours plus tard, dans le silence de la nuit du samedi au dimanche, trente centimètres de neige tombèrent du ciel. À mon réveil, je n'ai pas hésité une seconde. Sans prendre mon petit déjeuner, je suis sorti habillé comme un Esquimau. J'ai parcouru les deux cents mètres qui séparaient la maison de la lisière de la forêt et j'ai pris le chemin qui montait.

Je n'avais pas assez de mes deux yeux pour voir toutes les beautés qui m'entouraient. Il suffit d'un peu de neige et d'une belle lumière pour que n'importe quel endroit devienne magnifique. J'étais bien ici, j'étais chez moi, dans ma forêt.

J'ai mitraillé de boules de neige tout ce qui ne bougeait pas, je me suis battu contre d'invisibles ennemis, j'ai fait des roulés-boulés, j'ai pris des douches de neige en tirant sur les branches des sapins... La poudreuse me rendait joyeusement cinglé.

Et puis vint le moment où mes habits trempés ne me protégeaient plus du froid. Je frissonnais, je claquais des dents, et mon ventre criait famine. Il était temps de rentrer.

2 **la neige** Schnee – 3 **le réveil** → se réveiller – 3 **hésiter** ne pas être sûr de ce qu'on doit faire – 6 **parcourir** faire, aller – 6 **séparer... de...** *ici :* être entre... et entre... – 7 **la lisière** *ici :* le bord d'une forêt – 10 **la beauté** → beau – 10 **entourer** *ici :* être tout autour (herum) de qc ou qn – 14 **mitrailler** tirer beaucoup de balles sur qc en un temps très court – 16 **un ennemi** ≠ un ami – 16 **un roulé-boulé** Purzelbaum – 17 **tirer** ziehen – 17 **une branche** Ast – 18 **un sapin** Tanne – 18 **la poudreuse** la neige fraîche – 18 **joyeusement** → la joie – 19 **cinglé** fou – 20 **un habit** un vêtement – 20 **trempé** ≠ sec – 21 **protéger du froid** faire qu'on n'a pas froid – 21 **frissonner** trembler – 22 **claquer des dents** mit den Zähnen klappern – 22 **avoir le ventre qui crie famine** avoir faim

En croisant les traces de mes pas qui allaient en sens inverse, j'ai pensé à la chaleur qui m'attendait à la maison, aux bras de ma mère qui me réchaufferaient, aux joues piquantes de mon père qui m'embrasserait, au rire idiot mais communicatif de mon frère. Je n'étais parti que deux heures, et pourtant j'avais hâte de retrouver leurs couleurs, leurs voix et leurs odeurs.

Une joie bien bête, simple, débile même, m'a rempli la poitrine… ma vue s'est brouillée et des larmes de crocodile ont jailli de mes yeux.

Finalement, dans ma tête à moi, le bonheur était l'hiver de mes dix ans, un dimanche matin sous la neige. C'était d'avoir le visage en feu et le cul gelé en rentrant à la maison, de retrouver mon frère qui boudait parce que j'étais sorti sans lui, et de me faire disputer par mes parents parce que j'étais parti « comme un voleur », sans leur dire où j'allais.

Et mille et une autres choses.

1 **en croisant** *ici :* en revoyant – 2 **en sens inverse** *ici :* dans la direction d'où on vient – 4 **réchauffer** → chaud – 4 **piquant** *ici :* avec de la barbe (stachelig) – 7 **avoir hâte de** vouloir que qc arrive vite – 8 **une odeur** qc qu'on peut sentir (avec le nez) – 9 **simple** ≠ compliqué – 9 **débile** idiot – 10 **remplir la poitrine de qn** jdn erfüllen – 10 **se brouiller** *ici :* verschwimmen – 11 **jaillir** quellen – 14 **le cul** *vulg* Hintern – 14 **gelé** *ici :* très froid – 16 **bouder** schmollen

Corinne Dreyfuss 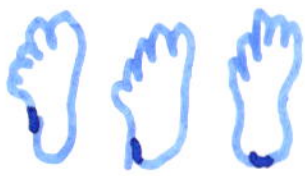

Un week-end sur deux

Pour Félix
Pour Lou et Léo, les gribouilleurs
Pour Florian, ex-migrateur
Pour leur papa

L'aéroport

Les week-ends, c'est un coup avec et un coup sans. Celui qui vient de finir, c'en est un avec.

Derrière la vitre, je regarde l'avion qui s'envole au-dessus de la piste, comme quand j'étais petit et que je montrais le ciel du doigt en faisant «rrrrooommmmm».

Je ne fais plus «rrrooommm», je suis grand maintenant, j'ai sept ans. Des fois si. Je le fais encore, mais en dedans de moi. Un «rrrooommm» qui gonfle mon cœur et remplit ma poitrine.

Ma vue se brouille un peu, on dirait qu'il pleut et que les essuie-glaces sont en panne.

Enfin, c'est mes yeux qui ont besoin d'essuie-glaces.

Ils devraient quand même les nettoyer plus souvent ces vitres, on n'y voit rien et le soleil en se couchant se cogne dedans.

3 **une vitre** *ici :* Fenster – 3 **s'envoler** pour un avion, quitter le sol (Boden) – 4 **une piste** dans un aéroport, là où les avions arrivent ou partent – 9 **en dedans de** à l'intérieur de – 10 **gonfler** *ici :* faire devenir plus gros – 10 **le cœur** Herz – 10 **la poitrine** le thorax – 11 **avoir la vue qui se brouille** y voir moins bien parce qu'on pleure – 12 **un essuie-glaces** sert à faire partir l'eau de la vitre avant d'une voiture – 17 **cogner dans qc** *ici :* durch etw knallen

Le parking

– C'est moi qui le mets, d'accord ?

Il faut payer si on est resté plus de quarante minutes, sinon c'est gratuit.

Avant de laisser la machine avaler le ticket, je parie :

– Là c'est trois euros, sûr !

L'avion est parti en retard.

J'ai gagné cette fois-ci, mais souvent, je ne sais plus… une demi-heure ? Une heure ?

C'est long et court, trop vite et au ralenti, leur départ.

– Dis, papa, je peux les mettre les pièces ?

Je me hisse sur la pointe des pieds, je voudrais être plus grand. Grand comme Tom ou Théo… ouais comme Théo ce serait mieux, je serais plus grand que Tom.

J'étire mon bras si fort qu'il ressemble à un cou de girafe.

– Tu veux que je te porte ?

Non, maman, je ne veux plus que tu me portes, j'y arrive tout seul maintenant.

Un, deux et trois euros, je laisse tomber les pièces une à une.

La machine recrache le ticket en faisant bip, moi c'est beurk que j'ai envie de faire.

Je déteste les départs.

10 **au ralenti** beaucoup plus lent que la vitesse normale – 13 **se hisser** monter – 17 **étirer** allonger – 17 **le cou** Hals – 24 **recracher** *ici :* redonner – 24 **un bip** Piepton – 25 **beurk** *Lautmalerei* drückt aus, dass etw ekelhaft ist

La voiture

On rentre tous les trois. Papa, maman et moi. Nous trois là en bas, eux trois là en haut.

Ceux qui roulent et ceux qui volent. Moitié-moitié.

Par la fenêtre de la voiture, je regarde encore en l'air. Je suis des yeux leur avion et la trace blanche qu'il laisse derrière lui comme un dessin à la craie dans le ciel.

Je pense à tous les avions qu'ils ont pris, à tous ces week-ends, à tous ces voyages.

Je pense à toutes ces traces blanches dessinées de chez eux là-bas à chez eux ici.

Je pense que ce sont de sacrés gribouilleurs de ciel ma sœur et mes frères.

7 **une craie** Kreide – 13 **sacré** *ici :* très bon, excellent, admirable – 13 **un gribouilleur** qn qui dessine vite et mal

La maison

– Il est tard, tu devrais te coucher, demain tu vas à l'école.

Il est toujours tard les dimanches quand on revient de l'aéroport. Les dimanches soir moitié-moitié.

C'est comme s'ils emmenaient le temps avec eux, dans leurs valises. Un peu de notre temps qui s'envole, un bout de mon dimanche rangé entre leurs pulls et leurs cahiers.

Je n'arrive jamais à me coucher ces soirs-là. J'ai mal au ventre, j'ai froid, je me sens lourd ou vide, je ne sais pas.

La maison est calme tout à coup et si grande.

Ils me manquent déjà.

– Dis, maman, tu restes un peu avec moi, le temps que je m'endorme ?

Dans ma main, je serre un avion, un Playmobil de quand j'étais petit, celui que je faisais voler à travers la chambre en scandant leurs prénoms comme une formule magique qui me les aurait rendus : *Lilithéotom, lilithéotom, lilithéotom…*

Maman éteint la lumière et me caresse la joue :

– Ne t'inquiète pas, ils reviennent dans quinze jours, on leur téléphonera.

Je sais qu'ils reviennent dans quinze jours, depuis que je suis né, ils reviennent dans quinze jours.

7 **une valise** Koffer – 8 **un bout** une partie – 19 **scander** *ici :* dire qc en suivant un rythme précis et régulier

101

J'ai deux grands frères et une grande sœur, qui reviennent dans quinze jours.

Des gribouilleurs de ciel, des syllabes de formule magique, des voleurs de temps un week-end sur deux et la moitié des vacances.

Cette année, ils passeront 101 jours avec nous, exactement 101, comme les 101 dalmatiens.

J'ai compté, et je suis plutôt fort en calcul.

Papa dit, en farfouillant dans mes cheveux, que c'est la bosse des maths.

Moi je crois que c'est à force d'additionner les jours et les jours qui nous séparent depuis que je suis tout petit.

La semaine prochaine je vais apprendre les opérations à retenues. J'aimerais tellement faire des calculs qui les retiennent.

3 **une syllabe** Silbe – 8 **le calcul** → calculer – 9 **farfouiller dans les cheveux de qn** jdm durch das Haar fahren – 10 **avoir la bosse des maths** être naturellement bon en mathématiques – 11 **additionner** addieren – 12 **séparer** ≠ rassembler – 15 **une opération à retenue** une soustraction – 16 **retenir** *ici :* faire que qn ne parte pas

Composée

Je suis le petit dernier d'une famille recomposée, dit maman.

Papa, lui, il pense que notre famille elle est plutôt décomposée.

Moi, pour les mettre d'accord, je dis qu'on est la « famille des composés ».

Tom, il préfère « des cons posés », et ça aussi ça les met d'accord, papa et maman. Sauf que c'est sur la punition spéciale gros mots qu'ils sont d'accord.

En vrai, je ne sais pas toujours quoi dire…

Fils unique ou dernier d'une famille nombreuse un week-end sur deux. Seul terrien au milieu de frères et de sœur migrateurs. Guetteur de ciel depuis tout petit…

Enfin simplement, mes frères et ma sœur en pointillés trop souvent partis ou pas encore arrivés.

Mes frères et ma sœur qui composent, entre notre papa et leur maman, entre leur ici et leur là-bas, d'un bout à l'autre de ce trait d'avion qui blanchit notre ciel de leurs allers et retours.

7 **un con** *pop* Blödmann – 9 **une punition** une sanction – 9 **un gros mot** Schimpfwort – 12 **un fils unique** un garçon qui n'a ni frère ni sœur – 12 **une famille nombreuse** une famille avec beaucoup d'enfants – 13 **un terrien** *ici :* une personne qui reste toujours au même endroit, sur terre – 13 **au milieu de** parmi – 14 **migrateur** nomade, qui voyage – 14 **un guetteur** une personne dont le travail est de regarder un endroit pour voir si qn arrive – 16 **simplement** → simple – 16 **en pointillés** dont la forme générale est dessinée avec quelques points – 20 **un trait** une longue trace, une ligne – 20 **blanchir** faire devenir blanc

Je voudrais

Joindre les pointillés. Je voudrais que tous les pointillés du monde se donnent la main, qu'ils se serrent fort, qu'ils ne se quittent plus, qu'ils deviennent une seule ligne blanche continue, qu'elle continue encore et encore…

Je voudrais que ma formule magique devienne réalité : *Lilithéotom, lilithéotom.*

Je voudrais que les avions se reposent, que les pilotes partent en vacances, que le ciel fasse grève et que le soleil ne se cogne plus jamais dans les vitres des aéroports.

Je voudrais qu'ils soient ici chez eux tout le temps, sans ailleurs, et que le temps dure très longtemps.

Là, tout simplement là. Avec moi. Je voudrais réussir à m'endormir sans compter, les dimanches soir moitié-moitié…

Non, je voudrais compter encore et encore tous les jours jusqu'à 365. 365 jours avec eux sans pointillés…

Je voudrais… Dormir…

1 **joindre les pointillés** dessiner une ligne en suivant les pointillés – 8 **se reposer** *ici :* revenir sur terre – 9 **faire grève** arrêter de travailler pour montrer qu'on n'est pas d'accord avec les conditions de travail p. ex. – 13 **ailleurs** ≠ ici

L'école

– … Arthur ?… Aaarthuuur, tu es avec nous ?

– Euh, oui m'dame.

J'essaie de réfléchir à toute allure à ce que la maîtresse vient de me demander, sur le noir du tableau elle a posé une addition.

Moi c'est dans les nuages que je m'étais posé.

Sa voix haut perché vient de briser mon mur du son.

– Arthur, j'écoute ta réponse…

Sur ma table, entre cahier et stylos, mon Playmobil… je sais :

– J'écris un et je retiens trois, m'dame, oui c'est ça, m'dame, j'écris un et je les retiens tous les tr…

La sonnerie retentit sans me laisser finir.

– Attendez, silence ! tente la maîtresse.

Mais elle, elle ne retient rien ni personne.

On saute, on se pousse, on crie, on s'enfuit, on s'échappe.

3 **à toute allure** très vite - 4 **un/e maître/sse** un professeur à l'école primaire - 7 **haut perché** ≠ bas - 12 **retenir** *ici :* garder - 14 **retentir** sonner - 15 **tenter** *ici :* essayer de dire - 17 **sauter** springen - 17 **s'enfuir** fuir - 18 **s'échapper** s'enfuir

La cour

Lola m'attrape par la manche et me fait tourner comme une toupie. Elle jette ses bras autour de mon cou et murmure un secret au creux de mon oreille. La tête me tourne.

Je les aime, moi, les secrets de Lola. Ils sont doux, des fois à rire, ou des fois à pleurer. Moi aussi je lui en dis. Des secrets qui s'envolent, des secrets à la craie.

Dans le ciel de l'école, un avion passe. Sous le soleil, il scintille. Personne ne l'a vu, sauf moi.

Pour moi, tous les avions les ramènent ou les emportent.

J'atterris. Lola se détache et maman s'approche. Du doigt, je lui montre le petit diamant qui glisse au-dessus de nos têtes.

Elle sourit :

– Toi tu seras pilote, dit-elle en me serrant fort dans ses bras.

– Je préférerais magicien.

Il est quatre heures aussi chez eux.

Qui les attend à la sortie de leur école ? Qui les serre fort ?

Qui murmure des secrets au creux de leurs oreilles ?

Est-ce que leur ciel aussi il étincelle ?

– Ouais, magicien… Je pourrais enjamber le ciel et d'un seul pas les retrouver.

1 **une manche** là où dans un vêtement on met les bras – 2 **une toupie** Kreisel – 3 **au creux de l'oreille** tout près de l'oreille de qn pour que personne n'entende ce qu'on lui raconte – 10 **scintiller** glitzern – 11 **ramener** *ici :* faire revenir – 12 **emporter** prendre avec soi – 13 **atterrir** ≠ s'envoler – 13 **se détacher** *ici :* s'éloigner – 14 **glisser** *ici :* passer en silence – 19 **un magicien** → la magie – 25 **étinceler** scintiller – 26 **enjamber** passer au-dessus de qc en faisant un grand pas

Mercredi

– Sacha, Mehdi, Antoine, Lola, Anouk… et… euh… je peux les inviter, maman ?

– Tu peux en inviter deux.

Ça commence plutôt mal, il va falloir négocier.

– Allez, m'man, tu sais bien, on est une bande, on est la « SMALAA », toujours ensemble, les inséparables de la récré.

Nous on est tous ou on n'est rien !

– Dis, maman ? Lili, Théo et Tom, ils ne sont pas là ?

Elle m'écoute, intriguée :

– Alors ?

– Alors je peux bien inviter Lola, Antoine et Anouk… plus deux : Mehdi et Sacha ?

Maman sourit, hésite, se redresse, prend sa mine sérieuse de quand elle dit non… Ouvre la bouche… et souffle un « d'accord » amusé.

Gagné. Ce sera un « mercredi-SMALAA ».

Quand la « SMALAA » est là, tout va !

Je déboule au jardin : cet après-midi, « opération sacrifice ».

Dommage, pas un seul volontaire pour faire le sacrifié, même pas une fille.

Va, on trouvera bien une sauterelle à faire griller ou un lombric géant à scalper.

Le nom de code de l'opération : « partie de cache-cache ». Ça c'est pour maman.

Quand la « SMALAA » est là, bonjour les dégâts.

4 **négocier** marchander, discuter pour se mettre d'accord sur un compromis – 6 **la smala** la bande de copains – 6 **inséparable** qu'on ne peut pas séparer, qui sont toujours ensemble – 11 **intrigué** curieux – 15 **hésiter** ne pas être sûr de ce qu'on doit faire ou dire – 15 **se redresser** sich aufrichten – 15 **une mine** *ici :* un air – 20 **débouler** arriver à toute vitesse – 22 **un volontaire** qn qui propose de lui-même de faire qc – 24 **une sauterelle** Heuschrecke – 25 **un lombric** Regenwurm – 28 **bonjour les dégâts** dann gute Nacht !

Rendez-vous

Ce soir c'est le rendez-vous. Notre rendez-vous.

Tous les trois, papa, maman et moi, on se tasse sur la même chaise derrière le même bureau.

Papa allume l'ordinateur. J'allume la Webcam.

Ça y est, on est prêts. Papa tape sur le clavier :

« Vous êtes là ???? »

Comme d'habitude, ils sont en retard et c'est notre image qui s'affiche dans la fenêtre où on les espère.

– Serre toi contre moi, là, voilà.

Pas facile de rentrer à trois dans le petit cadre. On se cale, on s'emboîte. À gauche, la joue papier de verre de papa. À droite, la joue de pêche de maman. C'est bon d'être là. Niché. Entre eux deux.

« Coucou, c'est nous !!!! »

Ils apparaissent. Les voilà. Nos trois de là-bas.

Théo au clavier, Lili et Tom se poussent derrière, ils bougent et leur image est floue. Je vois leurs bouches s'ouvrir, se fermer, mais il faut attendre leurs mots qui s'écrivent en rouge sur l'écran. C'est notre parenthèse. Notre parloir du milieu de semaine. On se voit. On aimerait se toucher, mais l'écran nous sépare. Chacun chez soi…

Pourtant, ils sont là, on est là, nous ici, eux là-bas. Encore une fois… Moitié-moitié.

Entre leurs têtes et leurs épaules, je me faufile des yeux dans ce chez-eux qui n'est pas chez moi.

5 **taper sur le clavier** écrire qc avec un ordinateur – 11 **un cadre** *ici :* la fenêtre d'un programme sur un ordinateur – 12 **se caler** s'installer de telle façon qu'on ne puisse plus bouger – 12 **s'emboîter** se caler exactement dans qc – 12 **le papier de verre** Schleifpapier – 14 **niché** installé au chaud, en sécurité – 16 **apparaître** ≠ disparaître – 18 **flou** dont les formes ne sont pas claires, ne sont pas faciles à voir – 21 **une parenthèse** *ici :* une pause, un moment agréable – 21 **un parloir** une pièce dans laquelle on peut parler avec qn qui est dans un internat ou en prison – 26 **une épaule** la partie du corps où le bras est rattaché à la poitrine – 26 **se faufiler** passer

Vendredi

– Tu sais qui vient vendredi ?

Depuis que je suis tout petit, une semaine sur deux, c'est la question de papa, son refrain préféré.

Comme si je ne le savais pas. Comme si je ne l'attendais pas, ce vendredi-là, le vendredi où ils reviennent…

– Alors ?

Papa insiste.

– Euh… j'sais pas ?

– Réfléchis, dit papa en riant, qui est-ce qui vient vendredi ?

– Euh… mamina ?

Papa rit plus fort et rien que pour l'entendre encore je dirais toutes les bêtises de la terre.

Lui aussi ça le réchauffe en dedans de savoir qu'ils viennent ce vendredi-là. Lui aussi il l'attend encore et encore ce fameux jour, ce moment où l'on est tous ensemble, ses enfants à lui.

Allez, je le dis, pour toi papa, pour que cette formule magique fasse sourire nos cœurs, pour que ton rire rebondisse encore contre les murs de la maison :

– Lilithéotom, Lili, Théo et Tom.

Papa me prend dans ses bras, je sens son cœur battre au rythme de leurs prénoms, bientôt c'est eux qu'il va serrer fort.

8 **insister** continuer, répéter – 15 **réchauffer** *ici :* faire plaisir – 17 **fameux** *ici :* extraordinaire – 21 **rebondir** *ici :* se faire entendre

Le salon

Les deux canapés se font face. Sur l'un, papa et maman assis. Sur l'autre, Lili, Théo, Tom et moi emmêlés comme un gros tas d'hippopotames en vrac. Chaque fois que l'un de nous bouge, un autre tombe et un bout du canapé avec. Ça me rappelle une comptine de quand j'étais petit :

« … et le petit dit poussez-vous, poussez-vous et l'oiseau tomba du nid… »

Là, l'oiseau tombé du nid c'est moi, j'attrape le coussin que j'ai entraîné dans ma chute, je pousse le tas d'hippopotames qui grogne et je me refais une place dans le nid.

Douze yeux ronds sont rivés sur Star Wars à la télé.

Papa dit que c'est un très vieux film, qu'il a vu le premier épisode à vingt ans. Théo dit qu'il a vu le dernier au cinéma, que c'était géant. Tom dit que le dernier jeu vidéo va bientôt sortir.

Moi je me suis acheté l'épée. Maman dit qu'elle n'y comprend rien à ce truc et Lili dit :

– Chuutttt, taisez-vous, tous, on n'entend plus rien.

Et tout le monde se tait.

1 **un canapé** un sofa – 3 **emmêlé** *ici :* les uns sur les autres – 3 **un hippopotame** Nilpferd – 3 **en vrac** les uns sur les autres, pas rangé – 6 **une comptine** une chanson faite pour les enfants – 8 **un nid** l'endroit dans lequel les oiseaux ont leurs petits – 10 **un coussin** Kissen – 10 **une chute** le fait de tomber – 11 **grogner** knurren – 13 **être rivé** qui regarde qc avec intensité sans faire attention au reste – 19 **une épée** Schwert – 21 **se taire** arrêter de parler

Ensemble

Je me blottis contre Lili, je pousse un peu. À l'autre bout, Théo tombe en me traitant de noms d'oiseaux. Voilà, c'est tout simplement ça être ensemble : être en tas sur le canapé, donner chacun son avis, se murmurer des noms d'oiseaux et se blottir les uns contre les autres. Rien de vraiment extraordinaire, juste regarder un film à la télé, être d'accord ou se chamailler, manger et s'embrasser avant de se coucher.

Mehdi, il pense que j'ai de la chance qu'ils ne soient pas là tout le temps mes frères et ma sœur, il dit que comme ça j'ai le temps de m'apercevoir qu'ils me manquent. Lui, il en a quatre, et il voudrait bien qu'ils lui manquent de temps en temps… ça lui ferait des vacances, il dit.

Moi, je n'aime pas manquer, même avec les Malabar, j'en mets toujours au moins trois dans ma bouche.

Pour moi les vacances c'est ça : tous en tas dans le même nid et des Malabar plein la bouche.

1 **se blottir** se nicher – 2 **traiter de noms d'oiseaux** beleidigen – 8 **se chamailler** se disputer – 17 **un Malabar** une marque de chewing-gum

L'été

Il y a l'aéroport des départs et celui des arrivées. C'est le même et pourtant rien n'est pareil.

Là, ils arrivent. Alors l'aéroport sourit, les avions sont légers et le soleil brille dedans et dehors sans se cogner.

Ils arrivent et tout à coup c'est l'été. Ils viennent pour longtemps, pour les vacances… les grandes vacances. Pendant un mois et demi, presque deux mois, c'est la ligne droite, oubliés les pointillés, défense de décoller.

Ils sont là. Ils sont là pour mon anniversaire. Avant et après. 45 ou 46 jours d'affilée, sans les quitter, 45 ou 46 jours tous les jours.

Comme si de rien n'était, on se lève, on se couche, on rit et on se boude. Comme s'ils étaient là pour toujours… qu'on oubliait qu'ils allaient repartir… qu'on ne le savait pas… que ça n'arriverait plus…

2 **pareil** la même chose, identique – 4 **léger** ≠ lourd – 4 **briller** scintiller – 10 **décoller** *pour un avion* s'envoler – 12 **d'affilée** les uns après les autres sans pause – 15 **se bouder** faire la tête à qn, montrer qu'on n'est pas content en ne parlant plus à personne

Cœur de papier

J'ai un cœur de papier et demain va le froisser. J'ai un cœur de papier, scotché, rescotché au rythme de leurs allers et retours, tranché et retranché par des ailes d'avions coupe-papier, gribouillé de dessins à la craie dans le ciel, plein de ratures.

J'ai un cœur agenda, qui compte les jours, qui compte les heures et qui sait que demain ils s'en vont.

Eux, ils remplissent leurs valises, débordantes de leur vie d'ici, qui trônent au milieu de leurs chambres.

Un petit bout de mon cœur se glisse dans leurs affaires, ils vont l'emmener.

J'ai un cœur partagé.

Moi je jette un coup d'œil à mon Playmobil qui n'a pas décollé de l'été, demain, il reprend du service.

1 **froisser** zusammenknüllen – 2 **scotché** geklebt – 3 **tranché** coupé – 4 **une aile** ce qui permet à un avion ou un oiseau de voler – 4 **gribouillé** qui est couvert de dessins vite et mal faits – 5 **une rature** Streichung – 9 **débordant de qc** plein de qc, rempli de qc en très grande quantité – 10 **trôner** *ici :* être à l'endroit le plus visible d'une pièce – 15 **jeter un coup d'œil** regarder un court moment – 16 **reprendre du service** recommencer à travailler

Mathis

Le bébé et le hérisson

Chapitre 1

La soirée est calme. Pas d'éclat de voix et presque pas de bruits de moteur venant de l'extérieur.

Il pleut et il fait froid.

Chacun reste chez soi.

Dans le salon, on attend l'heure du film. Papa et maman regardent la météo en buvant une bière.

Manon vérifie pour la troisième fois les résultats de ses devoirs et moi je feuillette mon livre d'histoire.

Soudain, Léo se met à pleurer.

Il a presque cinq mois et quand il pleure, celui-là, il y va à fond. Ses cris traversent le béton des murs et le bois des portes comme si c'était du papier.

– Va dire à ton gosse de la fermer… dit papa à maman.

– Va lui dire toi-même, c'est toi l'homme ! répond maman.

1 **un éclat de voix** quand on parle très fort – 2 **l'extérieur** *m* ≠ l'intérieur *m* – 4 **chez soi** à la maison, là où on vit – 8 **feuilleter** tourner et lire au hasard les pages d'un livre – 10 **soudain** tout à coup – 12 **à fond** *pour un bruit* le plus fort possible – 12 **un cri** → crier – 14 **un gosse** *fam* un enfant – 14 **la fermer** *pop* arrêter de parler, de crier

Papa monte le son.

Mais quand Léo pleure, c'est aussi pénible que de regarder la télé avec quelqu'un qui passe l'aspirateur dans la même pièce.

– Manon ! grogne papa.

De mauvaise grâce, ma sœur s'en va bercer Léo.

Cinq minutes plus tard, elle revient nous annoncer ce que nous savons déjà; elle n'a pas réussi à le calmer.

Alors papa se met à dodeliner de la tête en maugréant de sa voix grave :

– C'est pas possible, mais c'est pas possible…

Puis il se lève d'un coup, comme si un ressort géant l'éjectait du canapé.

De la chambre du bébé, on l'entend crier :

– Non mais c'est pas fini ?

Ça suffit, hein !

Je regarde la télé, moi !

Les cris de Léo se transforment immédiatement en hurlements.

Ensuite papa déboule avec le couffin dans les bras.

– Jules, la porte !

– La porte de quoi ? je demande.

– La porte de l'appartement, bougre d'âne !

– Elle est fermée, je dis.

– T'es idiot, pfff… ou tu le fais exprès ?

La porte, ouvre la porte !

1 **monter le son** *ici :* crier encore plus fort – 2 **pénible** ≠ agréable, facile – 4 **un aspirateur** Staubsauger – 5 **grogner** *ici :* dire qc de façon peu claire et avec un ton plein de colère – 6 **bercer** faire bouger en rythme un bébé qu'on tient dans ses bras pour qu'il s'endorme – 9 **calmer** → calme – 10 **dodeliner** hin und her bewegen – 11 **maugréer** grogner – 13 **un ressort** (Sprung)Feder – 14 **un canapé** un sofa – 19 **immédiatement** tout de suite – 20 **un °hurlement** un cri très fort – 21 **débouler** arriver rapidement – 21 **un couffin** un lit de bébé qu'on peut transporter – 25 **bougre d'âne** *pop* idiot – 27 **faire exprès** faire qc qu'on avait l'intention de faire

Je quitte ma chaise et je vais ouvrir la porte d'entrée.

Mon père dépose le couffin sur le palier et, menaçant Léo de son index, dit :

– Toi, tu rentreras quand t'auras fini de hurler.

Ensuite il ferme la porte de l'appartement, puis celle du couloir, et se replante devant la télé comme si de rien n'était.

Léo pleure toujours, mais en sourdine maintenant.

Le truc de mon père est efficace.

Mais je suis un peu inquiet de savoir le bébé à l'extérieur de l'appartement.

– Il a peut-être faim, je dis.

– Toi, l'intellectuel, on t'a pas sonné, dit mon père.

– Il avait qu'à finir son biberon, ajoute ma mère.

– Et si quelqu'un l'emmène et le revend ?

– Tu rigoles ! s'exclame papa.

Personne n'osera enlever un bébé qui braille aussi fort ! Ha ! ha ! ha !

– Hi ! hi ! hi ! fait maman.

Toujours à rire de tout, ces deux-là. Sauf que des bébés qui sont volés dans un pays et revendus dans un autre, je sais que ça existe.

Et je trouve pas ça comique, moi.

3 **déposer** laisser – 3 **un palier** Treppenabsatz – 3 **menacer** → une menace – 4 **un index** le doigt avec lequel on montre qn ou qc – 5 °**hurler** crier très fort – 7 **un couloir** un corridor – 7 **se replanter** se mettre de nouveau – 7 **comme si de rien n'était** als ob nichts gewesen wäre – 9 **en sourdine** *ici :* ≠ très fort – 11 **être efficace** *ici :* qui fonctionne bien – 15 **sonner qn** *fam* demander qc à qn – 17 **il avait qu'à…** il fallait qu'il… – 17 **un biberon** une bouteille avec laquelle on donne à boire à un bébé – 19 **s'exclamer** crier – 20 **oser** prendre le risque de faire ou dire qc – 20 **brailler** *ici :* crier et pleurer très fort

Chapitre 2

Le lendemain en rentrant du collège, à peine sorti de l'ascenseur, la voisine du palier d'en face m'interpelle.

– Jules ! elle chuchote.

Sa porte, légèrement entrouverte, ne laisse voir que le côté gauche de son visage.

– Jules, tu diras à tes parents que s'ils laissent encore pleurer le bébé sur le palier je vais prévenir les services sociaux !

– Je leur dirai, madame. Promis. Mais, heu… je sais pas s'ils vont m'écouter.

– Merci, Jules.

– De rien.

Elle me regarde un moment sans cligner des yeux, puis referme sa porte, très doucement.

C'est une dame âgée. Elle vit seule.

C'est peut-être pour ça qu'elle a la trouille de parler à mes parents.

Dans l'appartement, maman est à fond dans son jeu vidéo préféré.

Une cigarette au bec, elle se tortille comme si elle faisait elle-même les cascades de son personnage virtuel.

À côté d'elle, hypnotisé par l'écran télé, Léo délaisse son biberon.

1 **à peine…** *ici :* juste au moment où… – 2 **un ascenseur** un appareil qui transporte les personnes entre les étages d'un immeuble – 3 **interpeler** appeler – 4 **chuchoter** parler à voix basse – 5 **légèrement** *ici :* ≠ complètement – 5 **entrouvert** qui n'est pas complètement ouvert, presque fermé – 8 **prévenir** *ici :* informer – 14 **cligner des yeux** fermer et ouvrir les yeux rapidement – 15 **doucement** *ici :* sans faire de bruit – 17 **avoir la trouille** *pop* avoir très peur – 21 **le bec** *ici : pop* la bouche – 21 **se tortiller** sich winden – 22 **une cascade** *ici :* Stunt – 25 **délaisser** *ici :* ne plus s'intéresser

D'une pièce à côté, sans doute une chambre, provient le vrombissement sourd de l'aspirateur.

Ma sœur fait le ménage.

– Maman…

– Quoi ?

– J'ai, heu… un truc à faire signer.

– Tu vois pas que je joue ? Vois ça avec ton père…

– Il est où ?

– Sous la douche.

– Il y a aussi la voisine qui m'a dit qu'elle allait appeler les services sociaux si on laissait encore Léo pleurer sur le palier.

Là, ma mère met son jeu sur pause.

Elle tire sur sa cigarette et fait sortir la fumée par ses narines, exactement comme un taureau furieux de dessin animé.

– Mais de quoi elle se mêle, cette vieille peau ? Qu'elle fasse ça et je la balance du neuvième ! Quand tu la reverras, tu lui diras, hein ?

Ma mère, il vaut mieux être son amie que son ennemie.

– Heu… d'accord, maman.

Bien sûr, je mens. Jamais je n'oserais parler de cette façon à notre voisine.

Je vais à la cuisine et j'engloutis deux brioches molles.

Puis, debout, le nez à la fenêtre, je sirote un grand verre de chocolat au lait froid.

Au loin, un avion laisse une traînée blanche dans le ciel.

1 **sans doute** sûrement – 2 **provenir** venir – 2 **un vrombissement** un bruit très fort produit par un avion p. ex. – 3 **faire le ménage** nettoyer l'appartement – 15 **une narine** un trou de nez – 15 **un taureau** le mâle de la vache – 15 **furieux** en colère – 16 **un dessin animé** Zeichentrickfilm – 17 **une vieille peau** *péj* une vieille femme – 18 **balancer** *ici :* jeter – 20 **il vaut mieux** c'est mieux – 25 **engloutir** *ici :* manger vite – 25 **une brioche** *Gebäck aus Hefeteig* – 26 **mou** ≠ dur – 27 **debout** ≠ allongé – 27 **siroter** boire petit à petit – 29 **une traînée** *ici :* une longue trace

Je me demande où il va.

Je me demande qui sont ces gens qui voyagent en avion.

Je me demande s'ils existent vraiment.

Chapitre 3

– C'est pour le collège ? demande papa en examinant la feuille que je viens de lui donner.

– Ben oui, c'est le prof de français qui organise une visite dans un village du livre.

– Un village du livre ? La bibliothèque du collège te suffit pas, ou quoi ?

– Papa, ça n'a rien à voir.

C'est juste une visite.

– Une visite débile, oui.

Payer quatre euros pour aller voir des bouquins, à quoi ça va te servir dans la vie ? T'as pas besoin d'aller là-bas.

Et il me rend la feuille.

– Mais, papa, toute la classe va y aller…

– Tais-toi, tais-toi. Déjà que tu passes ton temps à bouquiner et que ça me plaît pas…

– C'est vrai, ajoute maman, toujours aux commandes de son jeu. T'es pas souvent avec nous !

– Mais quoi, mince ! Quand je lis j'ennuie personne ! je dis.

– Mais ça nous plaît pas ! continue mon père. Quand on est un homme, on passe pas son temps à lire comme une gonzesse !

– Tu veux dire que quand on est un homme, on passe son temps devant la télé à boire de la bière comme un abruti ? je demande.

Sa riposte est immédiate.

2 **examiner** regarder avec beaucoup d'attention – 9 **débile** *adj* idiot – 10 **un bouquin** *fam* un livre – 15 **se taire** arrêter de parler – 16 **bouquiner** *fam* lire – 18 **être aux commandes de qc** contrôler qc – 20 **mince** *ici :* zut – 20 **ennuyer** *ici :* énerver – 24 **une gonzesse** *pop* une femme ; *ici :* Schlappschwanz – 27 **un abruti** *fam* un idiot – 29 **une riposte** une réponse à une attaque

Il y a un grand clac ! et ma joue gauche devient aussi chaude que de la lave en fusion.

– Celle-là, tu l'as pas volée ! affirme papa.

– J'suis pas un voleur… j'ajoute, la voix tremblante, m'attendant à recevoir une seconde baffe.

Mais rien ne se passe, alors je file dans ma chambre, le cœur débordant de haine.

Le crayon, qui traîne sur la table qui me sert de bureau, je le casse en deux.

Ma règle en plastique de trente centimètres, je l'explose.

J'ai bien envie de tout démolir.

Heureusement, mon regard s'arrête sur le livre que je suis en train de lire.

Posé sur mon lit défait, il semble m'attendre. Je l'ouvre et, au bout d'un chapitre, ma colère disparaît complètement.

Je lis les cent dernières pages.

D'une traite.

4 **tremblant** qui tremble (zittern) – 5 **une baffe** *fam* un coup (Schlag) donné au visage avec la main – 7 **le cœur** Herz – 7 **déborder** *ici :* être plein – 8 **traîner** *ici :* être resté – 11 **exploser qc** *ici : fam* casser qc avec violence – 12 **démolir** détruire – 15 **défait** ≠ fait – 15 **sembler** donner l'impression de – 16 **au bout de** *ici :* après – 16 **un chapitre** Kapitel – 19 **d'une traite** en une seule fois

Chapitre 4

– T'es pas très futé pour un garçon, me dit Chloé. Tu devrais imiter la signature de ton père et te débrouiller pour payer le voyage avec tes économies.

– Quelles économies ? je demande.

– Ben, en économisant sur ton argent de poche.

– Moi j'ai plein de poches, mais pas d'argent. C'est bête, hein ?

– Tes parents te donnent pas d'argent de poche ?

– Non.

Elle me regarde intensément en fronçant les sourcils.

Elle n'a pas l'air de me croire.

Je lui rends son regard et c'est elle qui baisse les yeux en premier.

Nous continuons notre marche en silence, jusqu'à son arrêt de bus.

Le ciel est encombré de nuages sombres. J'ai bien fait de prendre mon anorak, je vais sûrement avoir droit à la pluie en rentrant.

J'aime beaucoup Chloé. Difficile de dire pourquoi. L'année dernière ses cheveux étaient longs, cette année ils sont courts et elle me botte toujours autant.

Ce n'est donc pas une question de cheveux. Difficile à expliquer.

Maintenant, par exemple, j'ai très envie de la serrer dans mes bras. Mais la peur qu'elle me

1 **pas futé** bête, idiot – 4 **les économies** *fpl* l'argent qu'on a mis de côté – 6 **économiser** mettre de l'argent de côté – 7 **plein de** beaucoup de – 11 **intensément** *ici :* avec beaucoup d'attention – 11 **froncer les sourcils** [sursi] *mpl* die Augenbrauen hochziehen – 14 **baisser** ≠ lever – 18 **encombré** *ici :* plein de – 18 **sombre** ≠ clair – 23 **elle me botte** *fam* elle me plaît

repousse est si forte que je n'ose bouger le petit doigt.

Finalement, pile au moment où son bus arrive et s'arrête en couinant, c'est elle qui agit ; elle m'embrasse carrément sur la bouche.

– À demain, Jules.

– Heu… à demain.

Le bus la mange, elle et quelques autres, puis s'en va en ronronnant.

Je ne le quitte pas des yeux jusqu'à ce qu'il disparaisse de ma vue.

Lorsque je fonce vers mon quartier, je ne marche pas : je vole.

Je vole encore quand il se met à pleuvoir. J'en oublie ma capuche.

Je vole toujours lorsque je longe l'ancienne usine réaménagée en médiathèque et traverse la place dont je n'ai jamais su le nom. Et puis…

Et puis j'atterris lorsque je le vois sur la route, juste à l'entrée du parc.

Aplati. Écrabouillé sur l'asphalte.

L'imprudent petit hérisson.

Je m'approche, et un sentiment de tristesse m'envahit.

– Tu pouvais pas faire attention ? je lui dis. Tu savais pas qu'avant de traverser il faut d'abord regarder à gauche, puis à droite ?

1 **repousser qn** jdn wegstoßen – 3 **pile au moment** au même moment, en même temps – 4 **couiner** *ici :* quietschen – 4 **agir** *ici :* entrer en action – 5 **carrément** *ici :* directement – 9 **ronronner** *ici :* faire un bruit bas et régulier – 12 **lorsque** quand – 12 **foncer** aller vite – 13 **voler** qui se déplace dans l'air sans toucher le sol (Boden) – 15 **une capuche** partie d'un vêtement qu'on porte sur la tête pour se protéger (schützen) du mauvais temps – 17 **réaménagé** *ici :* transformé – 19 **atterrir** toucher le sol après avoir volé – 21 **aplati** platt – 21 **écrabouillé** zerquetscht – 22 **imprudent** qui ne fait pas attention – 22 **un °hérisson** Igel – 23 **la tristesse** → triste – 24 **envahir** *ici :* remplir

Pourquoi personne n'apprend aux hérissons à traverser la route ?

Tout le monde s'en fout ou quoi ?

3 **se foutre de qc** *ici :* ne pas être intéressé par qc

Chapitre 5

Il ne pleut plus quand, deux rues après le parc, je prends l'étroit chemin qui passe sous la voie rapide.

Ensuite je coupe par le parking et j'entre dans la forêt d'immeubles.

Là, un garçon sur un vélo trop petit pour lui fonce vers moi.

Il s'arrête brusquement à une dizaine de mètres.

Il mordille sa lèvre inférieure, avec le regard de celui qui veut demander quelque chose mais qui n'ose pas.

– Salut ! je fais.

Cela suffit à l'encourager ; en trois coups de pédales, il me rejoint puis roule à mes côtés, au pas.

– Salut, il dit. J'suis Kamel.

Puis il me raconte que le frère d'un copain de sa classe lui a parlé de moi.

Il sait que je vais au collège à pied et c'est ça qui l'intéresse.

– Tes parents te paient pas le bus ?

– Tu rigoles ? Payer le bus alors que je peux aller à pied !

– Et t'as pas de vélo ?

– Si, j'en avais un. D'occasion. Mais on me l'a volé quand j'étais en sixième.

– Pourquoi tu fais pas pareil ? T'en piques un et tu le repeins.

2 **étroit** *ici :* petit – 8 **brusquement** soudain – 9 **mordiller qc** an etw knabbern – 9 **la lèvre inférieure** la lèvre du bas – 14 **rejoindre** rattraper – 25 **d'occasion** ≠ neuf – 27 **faire pareil** faire la même chose – 27 **piquer** *fam* voler

– J'suis pas un voleur. Et de toute façon, je préfère marcher.

– Tu préfères marcher, c'est vrai ?

– C'est vrai. Vrai aussi qu'au début, j'étais terriblement jaloux de ceux qui prenaient le bus. Et puis je me suis mis à aimer la marche, et maintenant mes cuisses et mes mollets, c'est du solide. J'ai même appris à apprécier la pluie, le froid, le vent.

Pas de bus à attendre.

Pas de conversation pénible à supporter. Et le loisir d'observer ce qui m'aurait échappé si j'avais pris le bus : la façon dont la peinture s'écaille sur les portes et les volets, une toile d'araignée tendue entre un mur et une gouttière, les noms parfois comiques sur les sonnettes, un hérisson écrasé…

J'avance à mon rythme, les yeux et les oreilles grands ouverts.

Je me sens comme un explorateur.

– Pourquoi tu me demandes ça, Kamel ?

– Comme ça… À cause de ma mère. J'crois pas qu'elle est assez riche pour me payer le bus.

Et quand j'irai au collège, mon vélo, là, il sera trop p'tit pour moi.

– Tu rigoles, ton vélo, il est déjà trop petit !

Il se marre.

– Ouais, ouais, t'as raison !

Soudain, il ne se marre plus. Son visage devient soucieux. Deux plis se creusent sur son front.

5 **terriblement** très – 7 **une cuisse** Schenkel – 7 **un mollet** Wade – 7 **c'est du solide** c'est fort, bien entraîné – 8 **apprécier** aimer – 10 **une conversation** une discussion – 10 **supporter** *ici :* vivre qc qui n'est pas agréable – 11 **le loisir** *ici :* le temps pour faire qc – 11 **échapper à qn** *ici :* ne pas être remarqué par qn – 12 **s'écailler** abblättern – 13 **un volet** *ici :* Fensterladen – 13 **une toile d'araignée** la structure que construisent les araignées – 13 **tendu** *ici :* attaché – 14 **une gouttière** Dachrinne – 15 **une sonnette** un appareil sonore à la porte d'entrée – 15 **écrasé** écrabouillé – 16 **avancer** *ici :* marcher – 18 **un explorateur** qn qui part à l'aventure et découvre de nouveaux pays – 28 **soucieux** inquiet – 28 **un pli** Falte – 28 **le front** partie haute du visage entre les yeux et les cheveux

– Tu me montreras le chemin pour aller au collège à pied ?

Je m'arrête, il freine brusquement et ses freins produisent un bruit proche d'un pet.

– T'es en quelle classe ? je lui demande.

– Au CM2.

– Quand t'iras en sixième, viens me voir, j'habite le bloc D, au neuvième.

– Merci, t'es comme un frère ! il me dit avant de s'en aller en pédalant à fond.

Il ne se retourne pas.

3 **freiner** [fʀene] pour une bicyclette, une voiture, aller de moins en moins vite jusqu'à s'arrêter – 3 **un frein** [fʀɛ̃] → freiner – 4 **produire** faire – 4 **proche de** *ici :* qui ressemble à – 4 **un pet** [pɛ] Furz – 6 **le CM2** dernière année de l'école élémentaire (correspond à la 5e en Allemagne) – 10 **pédaler** → une pédale – 11 **se retourner** sich umdrehen

Chapitre 6

Je suis le seul élève à ne pas aller visiter le village du livre.

À la place, je vais passer la journée à la bibliothèque. Je suis content, c'est l'endroit du collège où je me sens mieux que chez moi.

Mais tout à l'heure j'étais moins fier, j'ai eu un gros pincement au cœur quand j'ai vu Chloé s'engouffrer dans le bus avec les autres.

J'aurais bien aimé voyager à côté d'elle.

– Ça va, Jules ? me demande mademoiselle Léonard, la bibliothécaire.

– Heu… oui.

Elle s'assoit à côté de moi, sur la banquette, et aussitôt son parfum qui sent je ne sais quoi m'enveloppe.

– Tu lis quoi ?

– Un livre sur les hérissons.

– C'est pour un travail particulier ?

– Non, non… c'est juste comme ça. Dites, mademoiselle, vous croyez que les hérissons savent que nous, les humains, on les appelle des hérissons ?

– Je l'ignore, Jules. Pour le savoir, il faudrait leur demander.

C'est pas bête ça. Je reprends ma lecture, mais mon regard glisse sur les mots.

Impossible de me concentrer ; je repense au petit hérisson écrasé.

6 **fier** [fjɛʀ] stolz – 7 **avoir un pincement au cœur** être triste – 8 **s'engouffrer** entrer – 13 **une banquette** une sorte de banc d'intérieur très confortable – 14 **aussitôt** tout de suite – 15 **envelopper** *ici :* umgeben – 23 **ignorer** *ici :* ne pas savoir – 25 **reprendre** continuer à faire qc après avoir fait une pause – 26 **avoir le regard qui glisse sur les mots** lire un texte sans en comprendre le sens – 27 **se concentrer** réfléchir à une chose en particulier

J'aurais aimé pouvoir lui parler. Je lui aurais expliqué comment traverser une route.
J'aurais aimé lui sauver la vie.

3 **sauver la vie à qn** faire que qn ne meure pas

Chapitre 7

– Jules ! Jules !

– Hein ? Quoi ? je fais, complètement abruti de sommeil.

– Jules, réveille-toi !

– Punaise, Manon, quoi ?

– Y a Léo qui pleure et maman et papa se réveillent pas…

– Pfff… encore.

Je suis dégoûté. Pour une fois que je n'entendais pas les sanglots de Léo.

J'allume ma lampe de chevet et je reste un moment assis sur mon lit à me frotter les yeux avant de me lever. Puis, suivi de ma sœur, je vais écouter à la porte de la chambre des parents, où dort également le petit pleurnicheur. Je toque. Une fois, deux fois. Pas de réponse.

Alors j'ouvre la porte et j'entre.

Maman et papa dorment profondément. Ils ronflent.

Le radio-réveil indique trois heures huit. Je contourne le lit jusqu'au couffin, que je saisis par les poignées et transbahute hors de la chambre.

– Chut… chut… je fais.

Léo se calme un peu. Ses pleurs se transforment en petits hoquets saccadés et comiques.

Nous nous installons sur le canapé du salon.

2 **abruti de sommeil** qui n'est pas encore bien réveillé – 5 **punaise** *ici, pop :* mince – 9 **dégoûté** *ici :* qui est à la fois fatigué et démotivé par qc – 10 **les sanglots** *mpl* les pleurs – 11 **une lampe de chevet** une lampe qui se trouve à côté du lit – 12 **frotter** reiben – 15 **un pleurnicheur** qn qui pleure tout le temps – 15 **toquer** frapper à la porte – 18 **profondément** tief – 19 **ronfler** faire du bruit avec le nez ou la gorge en respirant pendant qu'on dort – 21 **contourner** éviter qc en en faisant le tour – 21 **saisir** prendre – 22 **une poignée** Tragegriff – 22 **transbahuter** transporter – 22 **hors de** en dehors de – 24 **les pleurs** *mpl* → pleurer – 25 **un °hoquet** *ici :* Schluchzen – 25 **saccadé** ≠ régulier

J'allume la télé et l'image d'un paisible troupeau de zèbres apparaît. La tête d'un guépard émerge des herbes hautes mais aucun zèbre ne l'a encore vu.

Ils broutent sans avoir conscience du danger. Léo se remet à pleurer.

– J'ai faim, soupire Manon.

– Ouais, bonne idée.

J'éteins la télé et nous migrons à la cuisine.

Manon, qui a l'habitude, prépare un biberon et deux chocolats chauds.

Moi je tranche et beurre deux tartines de pain que je recouvre d'une généreuse couche de confiture.

À la moitié de son biberon, Léo lâche un rot qui nous fait rire.

Puis il s'endort d'un coup.

Le calme est si grand que nos bruits de mastication résonnent dans la cuisine.

On entend même le faible grésillement de l'ampoule du plafond.

J'ai l'impression que ma sœur, mon frère et moi, nous sommes les derniers survivants de la planète.

– Ça t'embête si je dors dans ta chambre ? demande Manon.

Je hausse les épaules.

– Comme tu veux.

1 **paisible** tranquille, calme – 2 **émerger** sortir – 5 **brouter** manger de l'herbe – 5 **avoir conscience de qc** savoir qc, se rendre compte de qc – 6 **se remettre à** recommencer à – 7 **soupirer** respirer une fois, fortement, pour montrer qu'on ressent une forte émotion – 9 **migrer** *ici :* aller – 12 **trancher** couper – 13 **recouvrir** → couvrir – 13 **généreux** *ici :* gros, avec une grosse quantité – 14 **lâcher** *ici :* faire – 14 **un rot** [RO] action de faire sortir le gaz qu'on a dans l'estomac par la bouche – 18 **la mastication** action d'écraser avec les dents la nourriture qu'on a dans la bouche – 18 **résonner** se faire entendre – 19 **faible** ≠ fort – 19 **un grésillement** [gRezijmɑ̃] Knistern – 20 **une ampoule** partie d'une lampe qui sert à donner de la lumière – 20 **un plafond** dans une pièce, au-dessus des murs – 24 **embêter** *ici :* poser un problème, gêner – 25 °**hausser les épaules** mit den Schultern zucken

Je la regarde. Je ne m'étais jamais rendu compte à quel point ma sœur a un beau visage.

J'aime son expression triste et fatiguée.

On range la vaisselle dans l'évier puis, tandis que Manon passe l'éponge sur la table, je transporte Léo dans ma chambre. J'aide ensuite ma sœur à déménager son matelas.

Et nous voilà tous les trois dans la même chambre.

Je trouve la situation comique, j'ai presque envie de rigoler.

J'essaie d'imaginer la tête des parents quand ils se réveilleront et verront que le bébé a disparu.

– Jules.

– Oui, chère sœur…

– Bonne nuit.

– Bonne nuit, Manon.

Je me demande combien de routes et de chemins on doit traverser dans une vie.

Des milliers, des milliards, peut-être plus… Sûrement plus.

Avant de sombrer dans le sommeil, je me promets d'apprendre à Léo tout ce que je sais. Pas question de le laisser se faire écraser, celui-là.

4 **la vaisselle** les objets avec lesquels on mange, assiette, verre, etc… – 4 **un évier** Spülbecken – 4 **tandis que** *(+ind)* pendant que – 5 **une éponge** Schwamm – 7 **un matelas** la partie du lit sur laquelle on dort (Matratze) – 22 **sombrer dans le sommeil** s'endormir

Notices biographiques

Corinne Dreyfuss

Corinne Dreyfuss avait tout juste 4 ans en mai 68 et déjà, elle peignait de grandes fresques colorées… inspirée par la confiture aux fraises des bois de sa mère, s'ouvrant ainsi à de nouvelles et révolutionnaires découvertes dans l'art de peindre. Plus tard, après des études aux Beaux-Arts de Grenoble et de Mulhouse, elle abandonne la fraise des bois pour des matières plus classiques, sans lâcher pour autant pinceaux et crayons, travaillant et exposant en son Alsace natale. Après quelques révolutions autour du monde, en bateau, elle se lance dans l'illustration puis l'écriture d'albums de littérature jeunesse. Dans le même temps, toujours à la recherche de nouveaux goûts, elle grappille d'Asie en Afrique la matière de créations textiles aux motifs bigarrés et répétitifs, qu'elle poursuit désormais depuis Marseille, du côté du Vieux Port. Elle participe aussi à la conception de collections de prêt-à-porter pour enfants, détourne des objets d'intérieur, anime des ateliers artistiques en milieu scolaire et, surtout, partage avec son tout petit garçon un goût immodéré pour le rouge… et les fraises.

Jean-Marc Mathis

Né d'une mère Basque et d'un père Alsacien, Mathis ne parle ni le basque, ni l'alsacien. Après avoir grandi dans le massif Vosgien (côté alsacien), Mathis devient dessinateur en bâtiment et travaux publics, puis marin (à terre) à Toulon. Ensuite il entre à l'École de l'Image d'Épinal, puis aux Beaux-Arts de Nancy. Auteur et illustrateur, Mathis se consacre depuis 2002 principalement aux livres pour la jeunesse. Il vit à Nancy.

Sélection bibliographique

Corinne Dreyfuss

- *Des baisers,* texte de Laurent d'Arcizas, Thierry Magnier, 1998.
- *Petits noms d'amour,* Frimousse, 1999.
- *Harry le poisson qui pleure,* texte d'Anne Konik, Frimousse, 1999.
- *Gros mots malpolis,* Thierry Magnier, 2000.
- *Brico-nature des tout-petits,* Casterman, 2000.
- *Je suis un âne, Frimousse,* 2000.
- *Doux comme du coton,* Frimousse, 2000.
- *Petits noms de tous les jours,* Frimousse, 2001.
- *En utilisant mes cinq sens,* Casterman, 2001.
- *Croque le croco,* Frimousse, 2002.
- *Cot, cot, cot, codek !,* Frimousse, 2002.
- *Pincemi et Pincemoi sont dans un bateau,* Thierry Magnier, 2002.
- *Lola-Placard,* illustrations Laurent Rabès-Valton, Thierry Magnier, 2002.
- *Les nénettes,* Casterman, 2003.
- *Ma grand-mère perd la tête,* Thierry Magnier, 2004.
- *Les loulous, Casterman,* 2005.
- *Un week-end sur deux,* Thierry Magnier, 2005.
- *Les bons jours,* Frimousse, 2007
- *Premier jour d'école,* illustrations Nathalie Choux, Thierry Magnier, 2007.
- *50 bonnes résolutions à prendre ou à laisser,* illustrations Eléonore Zuber, Frimousse 2007.
- *Mon ami à moi,* Actes Sud 2008.
- *Miam, je vais te manger,* Casterman, 2008.
- *Enceinte,* illustrations Eléonore Zuber, éditions Frimousse, coll. Les bons trucs, 2008.
- *Trois petits pas,* éditions Sarbacane, 2008.

- *Capucine,* illustrations Camille Grosperrin, Diantre!, 2009
- *Le plus fort,* Actes Sud junior, 2009.
- *Cocottes,* illustrations Eléonore Zuber, éditions Frimousse, coll. Les bons trucs, 2010.

Jean-Marc Mathis

- *Nez en moins,* texte de Patrick Bonjour, P'tit Glénat, 2008.
- *Le bébé et le hérisson,* Petite Poche, Thierry Magnier, 2008.
- *Faire et défaire, Nouvelles,* Thierry Magnier, 2007.
- *Comme un grizzly,* Petite Poche, Thierry Magnier, 2007.
- *La glu, Petite Poche,* Thierry Magnier, 2007
- *L'étrange rêve de Lucien,* Pocket Jeunesse, 2007.
- *Lucien, le pingouin au pays du soleil,* Pocket Jeunesse, 2007.
- *La grand-mère de Victor qui pète,* texte de Dylan Pelot, Éditions Paquet, 2006.
- *Tatie Gribouille, Petite Poche,* Thierry Magnier, 2005.
- *Maçon comme papa,* Petite Poche, Thierry Magnier, 2005.
- *Henri, fils de ses parents,* Le Potager Moderne, 2005.
- *Vincent, mon frère mort-vivant,* texte de Mathis, Soleil Productions, Coll. Latitudes, 2005.
- *Le cadeau de Lucien,* Pocket Jeunesse, Coll. Kidpocket, 2005.
- *Lucien et le bonhomme de neige sauvage,* Pocket Jeunesse, Coll. Kidpocket, 2005.
- *L'étrange rêve de Lucien,* Pocket Jeunesse, Coll. Kidpocket, 2004.
- *Lucien, tu vas te faire manger !,* Pocket Jeunesse, Coll. Kidpocket, 2003.
- *Barnabé fait des histoires,* Édition Petit à petit, Coll. Barnabé, 2003.
- *Romain Desbois, prince des menteurs,* Petite Poche, Thierry Magnier, 2003

- *Vache de vache !*, texte d'Anne Jambois, Éditions Paquet, 2002.
- *On a volé la trompette de Lucien !*, Pocket Jeunesse, Coll. Kidpocket, 2002.
- *La fille du loup*, L'école des loisirs, 2002.
- *S.O.S Père Noël*, Éditions Paquet, 2002.
- *Lucien, le pingouin musicien*, Pocket Jeunesse, Coll. Kidpocket, 2002.
- *Les bonheurs de Sophie*, illustré par Sophie Revel, Éditions Paquet, 2002.
- *Lucien, le pingouin au pays du soleil*, Pocket Jeunesse, Coll. Kidpocket, 2001.
- *Henri, chienne de vie !*, Éditions Paquet, 2000.
- *Le fils de Victor qui pète*, texte de Dylan Pelot, Éditions Paquet, 2000.
- *Victor qui pète*, texte de Dylan Pelot, Éditions Paquet, 1999.
- *Le Retour de Victor qui pète*, texte de Dylan Pelot, Éditions Paquet, 1999.
- *Claude Zilla*, texte de Dylan Pelot, Pocket Jeunesse, Coll. Kidpocket, 1999.
- *Le chien qui souriait à l'envers*, texte de Dylan Pelot, Pocket Jeunesse, 1998.
- *Le Roman de Youki*, Éditions Paquet, 1998.

Le passé simple

In den Texten der *Collection Petite Poche* kommt eine Zeit der Vergangenheit vor, die vielleicht noch nicht im Unterricht behandelt worden ist. Es handelt sich um das *passé simple*, das fast nur in der geschriebenen Sprache vorkommt und die gleiche Funktion hat wie das *passé composé*.

1. Regelmäßige Verben auf ***-er***

entr-ER	il entr-**a**	elles entr-**èrent**
pass-ER	elle pass-**a**	ils pass-**èrent**
montr-ER	il montr-**a**	elles montr-**èrent**

2. Regelmäßige Verben auf ***-ir*** **und** ***-re***

part-IR	elle part-**it**	ils part-**irent**
sent-IR	il sent-**it**	elles sent-**irent**
finr-IR	elle fin-**it**	ils fin-**irent**

descend-RE	il descend-**it**	elles descend-**irent**
répond-RE	elle répond-**it**	ils répond-**irent**
sour**i**-RE	il sour()-**it**	elles sour()-**irent**

3. Unregelmäßige Verben

ÊTRE	elle f**ut**	ils f**u**rent
AVOIR	il e**ut**	elles e**u**rent
LIRE	elle l**ut**	ils l**u**rent

FAIRE	il f**it**	elles f**i**rent
DIRE	elle d**it**	ils d**i**rent
VOIR	il v**it**	elles v**i**rent
METTRE	elle m**it**	ils m**i**rent

REVENIR	il rev**int**	elles rev**in**rent
RETENIR	elle ret**int**	ils ret**in**rent
SE SOUVENIR	il se souv**int**	elles se souv**in**rent

Le gérondif

In den Texten der *Collection Petite Poche* kommt eine Verbform vor, die vielleicht noch nicht im Unterricht behandelt worden ist und die es im Deutschen nicht gibt: das Gerundium *(le gérondif)*.

1. Bildung des *gérondif*

Bei der ersten Person Plural Präsens des Verbs ersetzt man die Personalendung *-ons* durch *-ant* und stellt die Präposition en davor.

Beispiele:

rentrer	finir	prendre
nous rentr-*ons*	nous finiss-*ons*	nous pren-*ons*
en rentr**ant**	en finiss**ant**	en pren**ant**

Sonderformen gibt es nur bei:

être	avoir	savoir
en étant	en ayant	en sachant

Bitte beachten:
Das *gérondif* ist unveränderlich. Es kann nur dann verwendet werden, wenn im Haupt- und Nebensatz das Subjekt das gleiche ist.

2. Gebrauch des *gérondif*

1. Papa dit, *en farfouillant* dans mes cheveux... (= ... *und* er fährt mir dabei durch das Haar/ während er...)

2. ...c'était d'avoir le visage en feu *en rentrant* à la maison.
(= ... *als* ich nach Hause zurückkehrte.)

3. En croisant les traces de mes pas..., j'ai pensé... (= *In dem Moment,* als ich auf meinen Fußstapfen...)

4. ... *en économisant* ton argent.
(= *wenn* du es schaffst, Geld zu sparen.)

5. Le soleil *en se couchant* se cogne dedans.
(= die *untergehende* Sonne...)

6. ... dit papa *en riant.* (= ... sagt Papa *lachend.*)

Das *gérondif* kann vor oder nach dem Hauptsatz stehen. Es kann Temporalsätze (Beispiele 1., 2. und 3.), Modalsätze (Beispiele 5. und 6.) oder Konditionalsätze (Beispiel 4.) verkürzen.

Liste des abréviations

≠	le contraire de
→	un mot de la même famille
etw	etwas
f	féminin
fam	familier
fpl	féminin pluriel
indic	indicatif
jdm	jemandem
jdn	jemanden
m	masculin
mpl	masculin pluriel
qc	quelque chose
qn	quelqu'un
subj	subjonctif
subst	substantif
vulg	vulgaire

Crédits photographiques

67 Éditions Thierry Magnier, Paris;
68 Éditions Thierry Magnier, Paris